KB253579

"in the beginning God created the heavens and the earth"

생명

그림 : 최지아
글 : 최은석

옛날 인도에 한 젊은 과부가 부처 앞에 나아가 애통해하며, 병 중에 누워 있는 하나뿐인 아들을 살려 달라고 간청하였습니다. 그때 부처는 과부에게 한 번도 사람이 죽은 일이 없는 집을 찾아가 쌀 한 줌을 얻어 와 죽을 끓여 먹이면 외아들이 살아날 것이라고 말하였습니다. 이 말을 들은 과부는 해가 질 때까지 한 번도 사람이 죽은 일이 없는 집을 찾아다녔지만, 끝내 그런 집을 찾지 못하고 빈손으로 부처에게 돌아왔습니다.

부처는 과부에게 말하였습니다.

"자매여, 사람이 태어나면 반드시 죽는 것이며, 인연 따라 일어나고 인연 따라 사라지니 무엇을 그리 슬퍼하랴."

이는 상황을 변화시키거나 문제를 해결하기보다, 죽음을 숙명으로 받아들이며 순리대로 살아가라는 가르침이었습니다.

한편, 예수님께서 제자들과 많은 무리와 함께 나인성으로 가실 때였습니다. 성문 밖에서 사람들이 죽은 이를 메고 나오고 있었는데, 그는 한 과부의 외아들이었습니다. 과부는 죽은 아들을 보며 한없이 애통해하며 울고 있었습니다.

그때 예수님께서 그 과부를 불쌍히 여기시고 "울지 말라" 하시며 죽은 아들에게 가까이 가 말씀하셨습니다.

"청년아, 내가 네게 말하노니 일어나라."

그러자 죽었던 자가 일어나 앉아 말을 하였고, 예수님께서는 그 청년을 어머니의 품으로 돌려보내 주셨습니다.

기독교의 근본은 다른 종교와 분명히 다릅니다. 부처는 죽음을 숙명으로 받아들이는 한계를 보여 주지만, 예수님은 죽은 자를 살리심으로 생명을 얻는 기쁨을 맛보게 하셨습니다.

위의 내용은 스님에서 목사가 되신 김성화 목사님의 간증 가운데 인용한 글입니다. 예수님은 우리가 슬플 때 함께 슬퍼하시며 위로자가 되어 주셨고, 추하고 연약한 우리를 만져 주시고 안아 주셨습니다. 예수님은 우리의 친구가 되어 주셨고, 어둠 가운데서 빛이 되어 주셨습니다. 외롭고 방황할 때에도 불쌍한 자를 돌보시고 병든 자와 눈먼 자, 앉은뱅이를 고치셨으며, 귀신을 쫓아내시고 죽은 자를 살리셨습니다. 예수님은 하나님의 아들이시며, 낮고 천한 자리에 내려와 섬김을 받으려 하신 것이 아니라 우리를 섬기러 오셨습니다.

예수님은 실제로 이 땅에 오신 역사적 인물이시며, 예수님의 부활은 하나님이 살아 계심을 증거합니다. 기독교 신앙은 체험의 신앙입니다. 그렇기에 수천 년이 지나도 사라지지 않고 오늘날까지 이어져 오며 번성하고 있는 것입니다.

이『생명』책을 통해 살아 계신 하나님을 만나시기를 바랍니다.

감사합니다.

복음 전도자 최 은 석

목차

머리말

사람은 어떠한 존재입니까?　9

사람은 연약한 존재입니다 　11
사람은 영적인 존재입니다 　14

하나님은 살아계십니다　17

신에 대한 정체성, 진짜인가? 가짜인가? 　19
하나님은 살아계십니다 　21

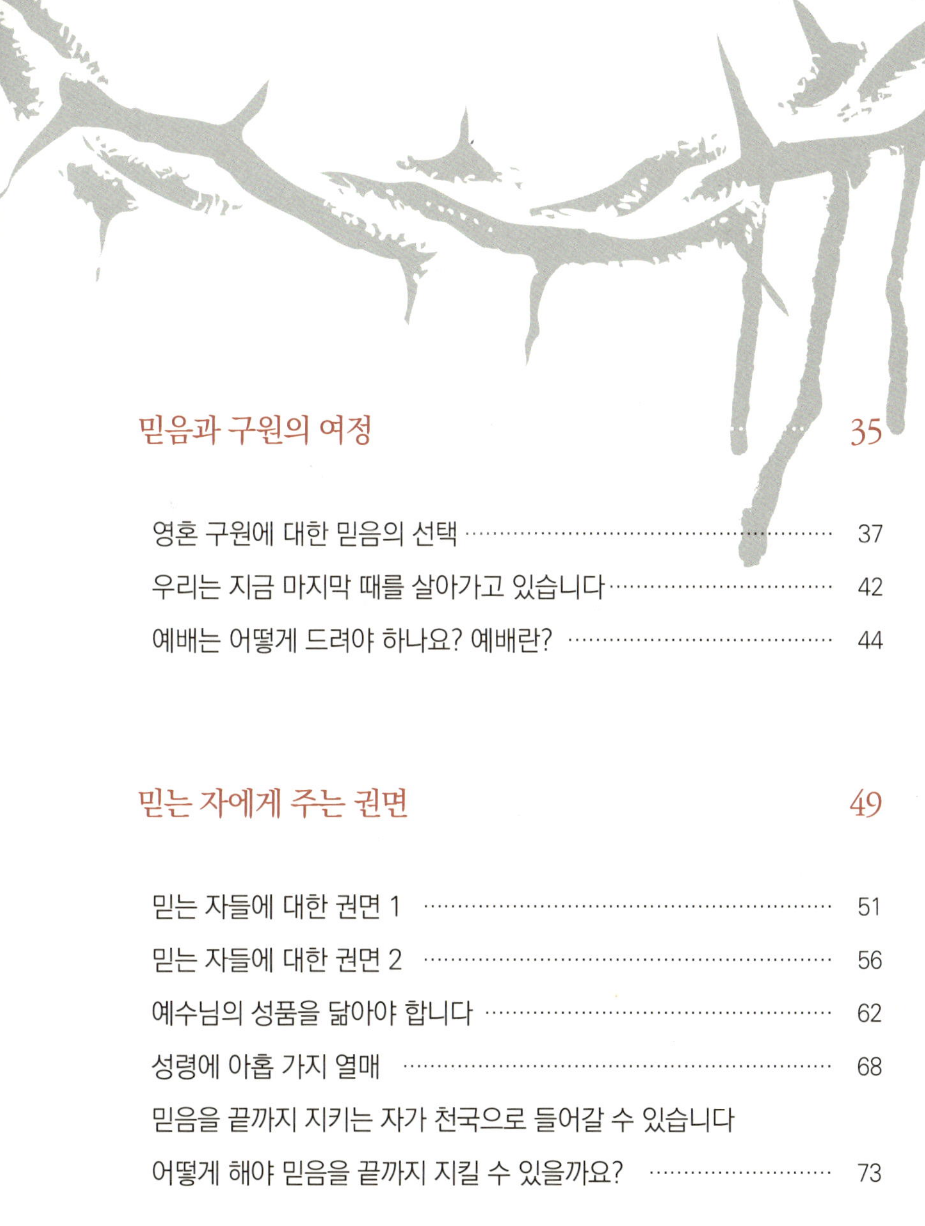

믿음과 구원의 여정   35

영혼 구원에 대한 믿음의 선택 ············· 37

우리는 지금 마지막 때를 살아가고 있습니다 ············· 42

예배는 어떻게 드려야 하나요? 예배란? ············· 44

믿는 자에게 주는 권면   49

믿는 자들에 대한 권면 1 ············· 51

믿는 자들에 대한 권면 2 ············· 56

예수님의 성품을 닮아야 합니다 ············· 62

성령에 아홉 가지 열매 ············· 68

믿음을 끝까지 지키는 자가 천국으로 들어갈 수 있습니다

어떻게 해야 믿음을 끝까지 지킬 수 있을까요? ············· 73

사람은
어떠한 존재입니까?

"모든 육체는 풀이요
그의 모든 아름다움은 들의 꽃과 같으니
풀은 마르고 꽃이 시듦은
여호와의 기운이 그 위에 붊이라
이 백성은 실로 풀이로다"

이사야 40장 6-7절

"모든 사람이 죄를 범하였으매
하나님의 영광에 이르지 못하더니"

로마서 3장 23절

사람은
연약한 존재입니다.

　사람은 연약한 존재이며 영원히 살 수 없는 존재입니다. 사람은 영원히 살지 못하고 언젠가는 모두가 죽습니다. 우리는 오늘 죽을지 내일 죽을지 알 수 없으며, 나이에 상관없이 사람의 운명은 예측할 수 없습니다. 그러나 죽음이 곧 끝을 의미하는 것은 아니며, 그 이후에는 또 다른 세계가 있어 모든 사람이 결국 그곳으로 가게 됩니다.

　사람은 죽기 전에 어떤 느낌을 받을까요? 일반적으로 사람은 죽기 전에 불안해하거나 극심한 공포를 느낀다고 합니다. 서울대학교 내과 교수로서 소화기계 분야의 최고 권위를 인정받는 정현채 교수는 '죽음학'이라는 학문 분야를 개설하고, 지금까지 그와 관련된 여러 강연을 이어오고 있습니다.

　그가 죽음에 대해 강연하게 된 계기는, 의사로서 수많은 환자들의 마지막 순간을 지켜보는 과정에서 임종을 앞둔 이들이 죽음에 대한 두려움과 극심한 공포에 사로잡혀 있음을 목격했기 때문입니다. 그는 이러한 환자들에게 정서적 안정과 위로를 전하고자 죽음에 대해 연구하기

시작했고, 그 연구가 강연으로 이어지게 되었습니다.

그는 수많은 근사체험(Near-Death Experience) 사례를 연구한 끝에, 죽음은 소멸이 아니라 '육체와 영혼의 분리'이자 '다른 차원으로의 이동'이라는 결론에 도달했습니다. 그의 이러한 연구 결과는 물질 중심의 의학계에 영적 세계의 실재성에 대한 거대한 담론을 형성하며 큰 반향을 일으켰습니다.

하버드대학교 외과 교수이자 신경외과 분야의 최고 권위자인 이븐 알렉산더는 2008년 11월 10일, 본인이 직접 급성 세균성 수막염에 걸려 뇌사 상태에 이르렀다가, 생물학적 사망 판정을 받기 일주일째 되던 날 극적으로 의식을 되찾았습니다.

그는 그 기간 동안 사후세계를 경험했으며, 인간의 의식은 결코 뇌에서 만들어지는 것이 아니었습니다. 또한 그는 인간의 뇌가 완전히 정지된 상태에서도 의식은 살아있다는 점을 깨달았습니다. 이븐 알렉산더는 단호히 말합니다.

"죽음은 끝이 아니라, 또 다른 세계로 이어지는 시작이다."

　정현채 교수와 이븐 알렉산더 교수는 본래 종교적인 목적으로 연구를 시작한 이들이 아니었습니다. 오히려 철저한 과학적 사고를 가진 의학자들입니다. 그런 그들이 입을 모아 말하는 것은 분명합니다. 사람은 육체로만 끝나는 존재가 아니며, 우리의 영은 여전히 살아 숨 쉬며 다음 세계로 나아간다는 엄연한 사실입니다.

사람은
영적인 존재입니다.

　사람이 죽음을 앞두고 두려움과 공포를 느끼는 것은 왜일까요? 그 이유는 사람은 단순한 육체적 존재가 아니라 영적인 존재이기 때문입니다. 인간은 육체와 영이 결합되어 생명을 얻고 의식을 가지게 된 존재입니다.

　따라서 몸의 수명이 다하면, 영은 육체를 떠나기 위한 과정을 거치게 되며, 그 과정에서 육체와의 연결을 끊어내야 하기 때문에 두려움과 공포를 느끼게 되는 것입니다. 또한, 이는 죽음이 단순한 끝이 아니라는 사실을 영이 본능적으로 감지하기 때문이기도 합니다.

　현재 세계 인구는 약 80억 명 정도이며, 그중 약 69억 명이 종교를 가지고 있다고 합니다. 세상에는 다양한 종교가 존재하고, 많은 사람들이 신의 존재를 믿으며 각자 자신들의 신을 섬기고 그 가르침에 따라 살아가고 있습니다. 따라서 신을 믿는다는 그 사실 자체가, 인간이 영적인 존재임을 보여주는 증거라 할 수 있습니다. 신과 인간의 관계는 우리의 삶에 깊고도 큰 영향을 미칩니다.

종교를 가지게 되면, 삶 속에서 평안을 얻고, 슬픔 가운데서는 위로를 받으며, 절망 속에서는 소망을 발견하고, 고통 가운데서는 힘을 얻게 됩니다. 그러나 어떤 신을 믿느냐는 결코 가벼운 문제가 아닙니다. 왜냐하면 거짓된 신을 믿게 되면, 마음이 그릇된 방향으로 이끌려 허무와 절망 속에서 생명을 잃을 수 있기 때문입니다.

하나님은
살아계십니다

"하나님이 세상을 이처럼 사랑하사
독생자를 주셨으니 이는 그를 믿는 자마다
멸망하지 않고 영생을 얻게 하려 하심이라"

요한복음 3장 16절

"예수께서 이르시되
나는 부활이요 생명이니 나를 믿는 자는
죽어도 살겠고 무릇 살아서 나를 믿는 자는
영원히 죽지 아니 하리니"

요한복음 11장 25- 26절

신에 대한 정체성,
진짜인가? 가짜인가?

신은 관념 속에서가 아닌 실제적으로 존재해야 하며, 그 존재가 증명 될 수 있어야 합니다. 또한 그 증거를 뒷받침할 수 있는 역사적 기록이 필요하고, 그 기록이 현재까지 이어지고 있어야 합니다. 따라서 신은 사람이 만들어 내거나 이야기로 꾸며내서는 안 되며, 사람이 신이 될 수도 없습니다. 신은 인간을 초월한 존재로서, 그 능력은 무한하며 어디에나 존재하십니다(無所不在).

그렇다면 어떤 신이 참된 신이며, 어떤 신이 인간의 삶 속에 실제적인 영향을 미칠 수 있을까요?

신은 창조주이셔야 합니다. 인간보다 신이 먼저 계시기에, 그분이 세상을 창조하시고 사람을 지으셔서 신의 섭리 가운데 모든 피조물이 살아가게 하신 것이 마땅합니다. 인간이 신보다 먼저일 수는 없습니다. 만약 인간이 신보다 앞서 존재했나면, 인간이 신보다 더 뛰어나며, 결국 신이 인간에 의해 만들어졌다는 결론에 이르게 될 것이기 때문입니다. 따라서 신은 인간보다 먼저 존재하신 창조주이십니다.

또한 참된 신은 단순히 세상을 만들기만 한 것이 아니라 인류 역사의 주관자여야 합니다. 참된 신은 시간을 다스리시고, 모든 나라를 통치하시며, 인간의 생사화복(生死禍福)을 주장하셔야 합니다.

신은 존재합니다. 공기는 눈에 보이지 않지만, 사람들이 숨을 쉬며 생명을 유지하는 것처럼, 우주의 질서와 자연의 섭리를 살펴보아도 신은 분명 존재합니다. 신 또한 공기처럼 운행하시며, 지금 이 순간도 그분의 통치 안에서 역사가 이루어지고 있습니다.

참된 신, 살아계신 신, 그분은 오직 유일하신 여호와 하나님이십니다. 하나님께서는 "나는 스스로 있는 자니라"(출 3:14)라고 밝히셨습니다. 이는 어떤 것에도 의존하지 않으시며, 절대적 주권자이자 지존자(至尊者)이심을 선포하신 말씀입니다.

하나님은 살아계십니다. 하나님께서 살아계심을 보여주는 증거가 있으며, 우리가 이를 알고 깨달을 때, 하나님께서는 모든 사람과 직접 만나 주십니다.

하나님은
살아계십니다

1. 하나님이 살아계신다는 첫 번째 증거는 지구와 달과 태양 그리고 자연입니다.

"태초에 하나님이 천지를 창조하시니라" (창 1:1)

지구는 자전축이 23.5° 기울어져 있으며, 시속 1,670km로 자전하고 있습니다. 지구가 23.5°로 기울어져 있는 이유는 기후와 뚜렷한 계절을 만드는 데 최적의 각도이기 때문이며, 지구의 자전은 생명체가 살아갈 수 있는 환경을 조성하는 데 핵심적인 요인이 됩니다.

지구가 자전함으로써 낮과 밤이 생기고, 태양 에너지가 골고루 분포하여 기온의 균형을 이루게 됩니다. 또한 바람의 방향과 해류 순환에 큰 영향을 주며, 모든 생명체의 생체 리듬을 조절합니다. 밤에는 잠을 자고 낮에는 깨어 있게 하여, 사람을 비롯한 모든 생명체가 생활의 활력과 리듬을 갖도록 도와주는 것입니다.

지구 옆에는 달이 있습니다. 지구와 달 사이의 거리는 약 38만 5천 km이며, 달은 이 거리를 일정하게 유지합니다. 달은 지구를 공전하며, 지구가 일정한 속도로 자전하도록 유지시키는 역할을 합니다.

또한 달은 바닷물을 움직여 파도를 만들고, 이를 통해 물고기들이 숨을 쉴 수 있는 환경을 제공합니다. 달은 바다의 오염을 정화하는 역할도 하며, 태풍을 만들어 플랑크톤을 바다 전체에 고르게 분포시키도록 도와줍니다. 그 결과, 바다에 사는 모든 물고기가 플랑크톤을 먹을 수 있게 됩니다.

태양은 지구의 에너지 원천이며, 지구의 모든 물 순환을 돕습니다. 태양과 지구 사이의 거리는 약 1억 5천만 km이며, 지구는 시속 107,000 km로 태양 주위를 돌면서 필요한 에너지를 공급받습니다.

지구가 1바퀴 자전하는 데는 하루 24시간, 달이 지구를 1바퀴 도는 데는 한 달, 지구가 태양을 1바퀴 도는 데는 일 년이라는 시간을 만듭니다. 우리는 이 우주의 시간 시스템에 맞추어 살아가고 있습니다.

지구, 달, 태양은 서로 떨어져야 떨어질 수 없는 존재로, 어느 하나의 거리라도 달라지면 모든 생태계가 파괴되고, 모든 생명체는 생명의 위협을 받게 됩니다. 지구가 스스로 자전하고, 달이 지구를 공전하며, 지구가 태양을 공전하는 것은 우연히 만들어진 것이라고 말할 수 없습니다. 이 모든 것은 사람이 이해하기에는 말로 다 설명할 수 없을 만큼 정교하게 계산되고, 체계적이며, 설계와 조직에 의해 이루어진 것입니다.

더욱 놀라운 것은, 달과 태양이 지구를 위해 만들어졌다는 사실입니다. 지구는 하나의 커다란 집과 같습니다. 그 안에는 산과 강, 바다가 있고, 바다와 육지를 경계로 들판에는 다양한 풀과 채소, 씨 맺는 열매 나무가 자랍니다. 공중에는 여러 종류의 새가 날아다니고, 바다에는 다양한 물고기가 헤엄치며, 땅에는 기는 동물, 짐승, 가축이 있습니다. 그 위에 사람이 있습니다. 사람은 하나님의 형상과 모양으로 만들어졌기에, 지각과 지혜가 뛰어나고, 모든 동식물의 이름을 지을 만큼 총명합니다. 특별히 하나님께서는 사람에게 하나님의 일을 할 수 있도록 자연과 생물을 정복하고 다스릴 수 있는 능력을 주셨습니다.

사람의 신체 구조 속에는 우주의 질서와 닮은 오묘한 조회가 담겨 있습니다. 지구가 23.5도 기울어진 자전축을 중심으로 순환하며 생명을 길러내듯, 사람의 머리 정수리에 자리 잡은 가마 또한 마치 우주의 소용돌이를 품은 듯한 신비로운 형태를 띠고 있습니다. 이러한 질서는 인간이 단순한 생물학적 존재를 넘어, 온 우주를 만드신 창조주의 설계 속에 태어난 특별한 존재임을 묵상하게 합니다.

사람과 동물의 다른 점은 사람은 언어를 구사하고 감정을 문자화하여 기록할 수 있다는 점입니다. 하나님께서 우주와 사람을 함께 창조하신 것은, 인간이 특별하며 창조주의 피조물임을 보여주는 증거 중 하나입니다.

결론적으로, 집과 자동차를 보면 그것을 만든 사람의 존재를 알 수 있듯이, 계산적이고 체계적으로 이루어진 지구, 달, 태양을 보면 신의 존재를 알 수 있습니다. 또한, 집과 자동차가 계속 만들어지고 있다는 사실이 사람이 살아 있다는 증거인 것처럼, 지구와 달, 태양 그리고 자연의 섭리가 정상적으로 유지되며 운행되고 있다는 사실은 하나님이 살아 계신다는 증거가 됩니다.

독실한 그리스도인이었던 아이작 뉴턴은 "태양과 행성, 혜성들의 가장 아름다운 체계는 오직 지성을 갖춘 전능한 존재의 계획과 통치 아래서만 나올 수 있다"라고 고백했습니다.

2. 하나님이 살아계신다는 증거 두 번째는 성경입니다.

  성경은 하나님의 말씀을 기록한 책이며, 하나님이 우주 창조의 창조주임을 선포하고 나타내고 있습니다. 모든 나라에는 역사가 있듯, 성경에도 역사가 있습니다. 성경이 다른 역사 기록과 다른 점은, 성경이 온 인류의 역사를 기록하면서 하나님께서 나라와 사람을 통치하시고 다스리시며 뜻을 이루어 가시는 모든 일을 증거하고 기록하고 있다는 점입니다.

  오늘날 많은 과학자와 고고학자들은 성경에 기록된 문화적·역사적 배경을 연구하며 진실을 밝혀내고 있습니다. 성경의 역사적 기록들은 고고학적 발견이 더해질수록 그 신뢰도가 더욱 강력하게 입증되고 있습니다.

  특히 성경은 예수 그리스도를 증거하며 하나님이 살아계심을 보여줍니다. 예수 그리스도의 탄생은 이미 약 2천 년 전 성경에서 예표 되었으며, 예수그리스도의 탄생을 기점으로 인류는 역사 연대를 주전(B.C.)과 주후(A.D.)로 나누어 기록하고 있습니다. 하나님께서는 후세들이 살아 계심을 알도록 증거와 기록을 남기시어, 약 4천 년 전부터 지금까지 신앙이 이어지도록 하셨습니다.

무엇보다 중요한 것은, 하나님께서 사람과 관계를 맺고, 대화하시며, 언약하시며 뜻을 세우신다는 점입니다. 사람이 하나님을 진정으로 만날 때, 사람은 변화되며, 성경의 말씀을 읽고 들음으로 병 고침과 같은 기적이 나타나는 것은 하나님이 살아 계시다는 증거입니다. 하나님은 유일신이며, 그 외의 다른 신은 없음을 분명히 말씀하십니다. 하나님의 속성은 공의롭고 정의로우며, 사랑의 하나님이 되십니다.

성경은 약 3,500년 전부터 하나님의 감동으로 기록되었습니다. 저자들은 하나님으로부터 영감을 받아 글자 하나까지 기록하였으며, 시대가 다른 저자들이 기록했음에도 불구하고 모든 내용이 완벽하게 이어집니다. 이는 단순히 사람의 생각으로는 불가능하며, 성경이 계시와 진리를 담고 있음을 분명히 보여 줍니다. 따라서 성경은 하나님이 살아계심을 증거하는 확실한 기록이 됩니다.

3. 하나님이 살아계신다는 세 번째 증거는 예수 그리스도이십니다.

하나님께서는 하나님의 형상과 모양으로 사람을 지으시고 인간을 특별히 사랑으로 지으셔서 인격적인 자유의지를 주셨으며 하나님과의 관계를 맺게 하셨습니다. 인간의 창조 목적은 하나님 말씀에 순종하는 것과 하나님을 경외하면서 하나님께서 지으신 세상을 잘 관리하고 다스리라고 하는 명령이십니다. 그렇게 하면 하나님께서 영원한 생명과 땅에서 누릴 수 있는 복을 다 주시겠다는 약속을 하신 것입니다.

또한 하나님께서는 최초 인간인 아담에게 동산 각종 나무의 열매는 마음대로 먹되, 선악을 알게 하는 나무의 열매는 먹지 말라 하시며, 먹는 날에는 반드시 죽는다고 말씀하셨습니다. 그러나 어느 날 하나님 나라에서 하나님을 대적하려다가 쫓겨난 천사가 타락하여 마귀가 되었고, 그 마귀가 사람에게 다가와 거짓말로 사람을 미혹하게 됩니다.

"하나님께서 먹지 말라 한 것을 너희는 먹어도 결코 죽지 않아"
"그것을 먹는 날에는 너희 눈이 밝아져서 하나님 같이 될 수 있어"
"너희도 하나님처럼 선악을 판단할 수 있어"

이 거짓 마귀의 말에 속은 인간은 결국 열매를 따먹게 되었고, 세 가지 죄가 들어오게 되었습니다.

그 나무를 보니 첫째, 먹음직스러웠습니다. 이는 육신의 정욕입니다. 둘째, 보암직도 하였습니다. 이는 안목의 정욕입니다. 셋째, 지혜롭게 할 만큼 탐스럽기도 하였습니다. 이는 이생의 자랑입니다.

이로써 인간은 하나님께 불순종의 죄를 가지게 되었고, 당장 죽임을 당할 수도 있었지만 하나님께서는 생명의 수명을 정하시고 가죽 옷을 만들어 입혀 주셨습니다. 이제 인간은 불순종으로 영원히 죽을 수밖에 없는 존재가 되었고, 하나님의 동산에서는 살 수 없게 되었으며, 거짓 마귀에 속아 죄를 범한 인간은 영의 눈이 닫히게 되었습니다. 이렇게 하나님과의 관계가 깨지게 되었고, 하나님처럼 될 수 있다고 했지만 인간은 더 연약한 존재가 되어버렸습니다.

하나님께서는 정의롭고 공의로우시므로 선악을 심판하시지만, 인간은 영원한 죄인으로서 의롭지 못하고 모든 것을 자기중심으로 교만의 죄로 살아가게 되었습니다. 이제 인간은 마귀의 말에 순종했기 때문에 마귀의 종이 되어버렸습니다. 육적인 시각으로 육신의 정욕을 취하며 살게 되었고, 눈에 보이는 것은 다 갖고 싶어 하는 안목의 정욕과 세상에서 자기를 드러내고 싶어 하는 이생의 자랑으로 살게 되었습니다.

육신의 정욕은 곧 죄이며, 죄의 삯은 사망입니다. 하나님께서는 죄를 싫어하시므로 죄를 심판하시고, 모든 죄인은 영원히 나오지 못할 지옥에서 형벌을 받게 됩니다. 에덴동산에서 쫓겨난 인간은 계속해서 죄를 반복하고, 세상에는 모든 사람의 죄가 가득 차게 됩니다. 이에 하나님께서는 세상을 물로 심판하셨습니다.

그러나 하나님께서는 세상을 사랑하시고 사람을 사랑하시기에 다시는 물로 심판하지 않겠다는 약속을 무지개로 남기셨습니다. 하나님은 다시 인간과 관계를 맺길 원하셨고, 하나님과의 관계를 회복시킬 방법으로 피 흘림의 제사를 정하셨습니다(히 9:22).

피의 제사로 하나님 앞에 나와 회개하고 자기가 키운 소중한 가축을 데려와 자기 죄를 대신 가축의 머리에 안수하고 본인이 직접 가축을 잡게 하여 제사장이 피의 제사를 올립니다. 피의 제사를 통해 사람들은 자신의 죄가 얼마나 무서운지를 깨닫고, 다시는 죄를 짓지 않도록 가르침을 받았습니다. 그러나 인간은 또다시 죄를 반복했습니다.

그렇지만 하나님께서는 끝까지 구원의 계획을 포기하지 않으시고, 인간을 사랑하셔서 반복되는 죄의 대속물을 없애고, 단 한 번의 제사로 영원한 생명을 얻게 하시는 구원의 은총을 주십니다. 그것은 하나님께서 사랑하시는 독생자 예수 그리스도를 우리에게 피의 대속물로 보내신 것입니다. 2천 년 전, 예수님께서 오셔서 우리의 모든 죄를 대신 지시고 십자가에 달리셨습니다. 십자가를 통해 하나님과의 관계가 회복되며, 예수 그리스도를 나의 구세주이자 나의 주인으로 믿고 고백할 때, 모든 믿는 사람은 단 한 번의 믿음으로 영생을 얻게 됩니다.

예수님은 하나님이시지만, 인간의 고통을 함께 나누고 대속물이 되시기 위해 인간의 몸을 입고 오셨습니다. 따라서 예수님은 신성과 인성을 한 몸으로 지니시고 이 땅에 오셔서 많은 기적과 표적을 나타내셨습니다.

예수님께서는 하나님이 살아계심을 증거하시고 천국 복음을 전하시며, 깨졌던 하나님과 인간과의 관계를 다시 회복시켜 주셨습니다. 또한 병든 자를 고치시고, 가난한 자와 나그네, 고아와 과부를 불쌍히 여겨 돌보시며, 없는 것을 있게 하셨고 죽은 자를 살리시며, 바랄 수 없는 중에 바라게 하셨습니다. 예수님은 모든 사람에게 생명이 되시고, 소망과 희망이 되십니다. 그러나 세상은 예수님을 모욕하고 조롱하였으며, 사람의 생명보다 강도와 살인자를 예수님보다 더 사랑했습니다.

　예수님은 제자를 세워 가르치셨습니다. 제자들은 예수님을 따르며 기적과 표적을 보면서 세상은 이제 우리 것이라고 생각했지만, 막상 예수님이 십자가에 달리신 후에는 모두 고향으로 돌아가 버렸습니다. 그러나 예수님께서는 3일 만에 영원한 사망과 어둠의 권세를 깨뜨리시고 죽음에서 부활하셨습니다. 이후 제자들을 찾아 만나주시자, 제자들은 자신들의 일들을 내려놓고 다시 예수님을 따르게 되었습니다.

　예수님은 40일 동안 제자들과 함께 다니며 많은 사람들에게 천국 복음을 전하셨고, 다시 오실 것을 약속하신 후 제자들과 500명이 보는 가운데 하늘로 승천하셨습니다. 이후 제자들은 다시 고향으로 돌아가지 않고, 각 나라로 흩어져 예수님의 부활과 복음을 전하게 되었습니다.

　결국 모든 제자는 복음을 전하다가 순교를 당했습니다. 어떤 제자는 십자가에, 어떤 제자는 화형에, 또 어떤 제자는 가죽을 벗김 당하고, 어떤 제자는 돌과 몽둥이에 맞아 죽으며, 또 어떤 제자는 창에 찔려 순교하였습니다. 뿐만 아니라, 예수님을 따르던 많은 사람들도 인간 햇불로 산 채로 순교당했으며, 어린아이와 어른을 가리지 않고 사자의 이빨에 뜯겨 순교당하기도 하였습니다.

오늘날 이들의 희생과 헌신 덕분에 하나님이 살아계심이 증거되었고, 대한민국에는 교회가 세워지면서 짧은 시간 안에 경제도상국으로 성장할 수 있었습니다. 당시 대한민국은 헐벗고 굶주린 가난한 나라였지만, 선교사들이 성경을 가지고 들어와 학교와 병원을 세우고, 복지를 개선하며 국가의 안보를 튼튼히 하는 데 큰 역할을 했습니다.

예수님의 오심은 섬김을 받으려 함이 아니라, 도리어 섬기려 하고 자기 목숨을 많은 사람의 대속물로 내어 주시고 풍성한 삶을 주기 위함입니다. 예수님의 기적과 표적, 그리고 부활은 세계 미스터리 중 하나이며, 지금도 예수 그리스도의 이름으로 귀신 들린 자가 자유를 얻고 병든 자가 치유받는 역사가 일어나고 있습니다. 예수님은 하나님이십니다. 예수님이 하나님이신 가장 확실한 증거는 죽은 자 가운데서 다시 살아나신 것. 즉 '부활'입니다.

4. 하나님이 살아계신다는 네 번째 증거는 이스라엘 나라입니다.

하나님께서는 이스라엘이라는 나라를 세우시고, 신앙의 모델로 삼아온 인류가 하나님을 믿는 백성으로 구원받도록 하시는 계획을 가지고 계십니다.

이스라엘의 역사는 아브라함을 통해 하나님을 경외하며 섬기는 믿음의 조상으로 세워진 것에서 시작됩니다. 이어 족장 시대를 거쳐 출애굽과 광야 시대로 백성을 훈련시키시고, 가나안 정복 시대를 지나 사사 시대를 통해 선지자를 세워 하나님을 떠난 백성들을 돌이키셨습니다. 또한 다윗을 통해 통일 왕국을 세우시고, 기원전 959년 솔로몬 왕 때 예루살렘 성전을 건립하셔서 이스라엘의 수도이자 정치와 종교의 중심으로 삼으셨습니다. 그러나 솔로몬 이후 이스라엘 백성들은 나라가 분열되고 여러 나라의 포로가 되었으며, 그럼에도 하나님을 다시 찾고 귀환하는 역사를 이어갔습니다.

분열의 원인은 하나님 말씀에 대한 불순종과 우상 및 이방 신을 섬긴 데 있었습니다. 그러나 하나님께서는 하나님의 백성을 끝까지 포기하지 않으시며, 그들이 회개하고 용서받기를 바라십니다. 이를 통해 하나님과의 관계를 회복하기를 원하십니다.

이스라엘이라는 나라는 다윗의 혈통에서 예수 그리스도를 보내시고, 예수님을 믿는 모든 민족이 하나님의 백성이 되는 길을 열어 주셨습니다. 이스라엘을 통해 교회가 세워지고, 2000년이 지난 지금까지도 복음이 전파되고 있는 것은 하나님이 살아계시다는 증거입니다.

믿음과
구원의 여정

"영접하는 자
곧 그 이름을 믿는 자들에게
하나님의 자녀가 되는 권세를 주셨으니"

요한복음 1장 12절

"누구든지
생명책에 기록되지 못한 자는
불못에 던져지더라"

요한계시록 20장 15절

영혼 구원에 대한
믿음의 선택

"한번 죽는 것은 사람에게 정해진 것이요 그 후에는 심판이 있으리니"

(히 9:27)

사람이 죽는다고 모든 것이 끝나는 것은 아닙니다. 죽음 뒤에는 반드시 심판이 있기 때문입니다. 사람은 하나님께서 지으신 피조물로, 땅의 흙으로 지으신 뒤 코에 생기를 불어넣어 생령이 되게 하셨습니다. 따라서 사람이 죽으면 몸과 영이 분리되어 몸은 썩어 흙으로 돌아가지만, 영은 창조주 하나님께로 돌아갑니다.

두려운 점은 죽은 뒤 모든 사람이 반드시 주님 앞에 서서 심판을 받는다는 사실입니다. 하나님께서는 생명책과 행위 기록책을 펴놓으시고, 생명책에 내 이름이 있는지, 없는지를 살피십니다. 또한 행위 기록책을 통해 우리가 살아온 삶의 여정과 행실을 낱낱이 살피며 물으실 것입니다. 심판 결과에 따라 우리의 갈 길이 달라지는데, 이것이 천국과 지옥입니다.

심판의 기준은 의인을 가리는 것입니다. 여기서 의인은 예수 그리스도를 의미합니다. 즉, 예수님을 진심으로 믿고, 하나님 말씀에 따라 순종하며, 예수님의 행실을 본받아 살아왔는지가 기준이 됩니다. 바로 이 점이 심판의 핵심 기준입니다.

천국은 슬픔도, 울부짖음도 없고, 고통과 후회도 존재하지 않습니다. 오직 기쁨과 감격만 있으며, 주님과 함께하는 평안만이 있습니다. 반면 지옥은 신음과 절망, 고통과 슬픔, 후회가 가득한 곳입니다. 그곳에서는 구더기도 죽지 않고, 불도 꺼지지 않습니다. 사람마다 불로 소금 치듯 형벌을 받는 무서운 공포의 불못입니다. 후회해도 소용이 없고, 억울해도 소용이 없습니다. 지옥은 절대 가서는 안 되는 무서운 곳입니다.

사후 세계를 경험한 사람들의 이야기는 해마다 점점 늘어나고 있습니다. 실제로 죽음을 맞이했다가 땅에 묻히기 전 깨어난 사람들도 있으며, 화장 직전 깨어난 사례도 있습니다. 세상에는 과학적으로 설명할 수 없는 일들이 너무나 많습니다.

사후 세계를 경험한 사람들의 이야기를 들어보면, 어떤 사람은 세상과 비교할 수 없을 만큼 아름답고 경이로운 곳을 보고 왔다고 하며, 그 곳에서 영원히 머물고 싶었다고 합니다. 반면, 어떤 이들은 알 수 없는 흑암의 존재들에게 이끌려 인간으로서는 도저히 견딜 수 없는 고통을 경험했다고 합니다.

사후 세계를 경험한 모든 사람들에게 공통점이 있다면, 그들의 삶과 성격이 완전히 바뀌었다는 것입니다. 어떤 이들은 종교인으로, 또 어떤 이들은 봉사자로, 모두 선한 일을 하는 삶으로 변했습니다. 이러한 변화가 없었다면, 사후 세계의 경험은 단순히 뇌의 착각이나 착오, 혹은 꿈 정도로 치부되었을 것입니다.

왜 이들에게 사후 세계를 경험하게 하고 삶을 변화시키셨을까요? 그 것은 바로 그것이 진짜이기 때문입니다. 천국과 지옥이 실제로 존재하기 때문입니다. 꿈은 사람의 삶을 근본적으로 바꾸지 못하지만, 사실적인 체험과 경험은 삶의 변화를 가져옵니다. 사후 세계를 경험함으로써 사람들은 하나님의 나라가 실제로 있음을 증거하게 되는 것입니다.

한국 현대 불교의 큰 스승으로 추앙받는 성철 스님은 임종 전, 평생을 바친 수행의 끝에 다음과 같은 고백을 남겼습니다. 그는 열반송을 통해 "일생 동안 남녀 무리를 속여 미치게 했으니 그 죄업이 하늘에 가득 차 수미산을 넘는다. 산 채로 무간지옥에 떨어지니 한이 만 갈래로다."라는 파격적인 문장을 남겼습니다. 또한 그는 생전에 "나를 믿지 말고, 속지 말라"라고 당부하며, 인간의 가르침이나 수행이 지닌 근본적인 한계를 경계했습니다. 가족과의 인연을 끊고 오직 진리만을 쫓았던 고독한 수행자의 마지막 모습은, 우리에게 인간 스스로의 힘만으로는 해결할 수 없는 깊은 실존적 고민과 죄의 무게를 다시금 생각하게 합니다.

성철 스님이 마주했던 그 깊은 고뇌는, 어쩌면 모든 인간이 창조주 앞에서 느끼게 되는 근원적인 갈급함일지도 모릅니다. 사람은 하나님이 지으신 존재이기에, 우리의 생명과 평안은 결국 하나님께로 돌아갈 때 비로소 완성됩니다. 스스로의 업을 씻어내려는 고단한 노력 끝에 마주하는 것은 인간의 유한함이지만, 주님 안에서 발견하는 은혜는 우리에게 값없는 구원과 영원한 생명을 선물합니다. 세상이 주는 기쁨은 수행과 노력을 통해 잠시 얻는 평안일 수 있으나, 하나님께서 주시는 평안은 우리의 죄 값을 대신 치러주신 예수 그리스도의 사랑 위에 세워진 영원한 안식입니다.

사람은 하나님이 지으신 피조물이며, 사람의 생명은 하나님께 있습니다. 이 땅에서 살아가는 동안 우리는 하나님을 찬양하고 예배하며, 하나님을 경외하면서 하나님의 말씀에 따라 살아가는 것이 우리의 삶입니다. 주님 안에서 행복을 찾을 때 진정한 기쁨과 평안이 생깁니다. 사람에게서 오는 기쁨은 잠깐이지만, 하나님께서 주시는 기쁨은 영원한 생명을 지니고 있습니다.

우리의 최종 목적지는 하나님 나라에서 영원히 하나님을 찬양하며 평안 가운데 주님과 함께 사는 것입니다. 예수님은 우리의 영원한 생명이자 심판관이 되십니다. 예수님은 우리의 삶의 기준이시므로, 예수님을 믿는 것은 선택이 아니라 당연한 일입니다.

지난날의 죄를 회개하고 예수님을 영접함으로써 영의 생명을 얻어야 합니다. 천국과 지옥은 반드시 존재하며, 그 증거는 예수님께서 부활하셨다는 사실입니다.

"나는 부활이요 생명이니 나를 믿는 자는 죽어도 살겠고 무릇 살아서 나를 믿는 자는 영원히 죽지 아니하리니"(요 11:25-26)

우리는 지금
마지막 때를 살아가고 있습니다

성경은 마지막 때의 시대 흐름과 징조에 대해 말씀하십니다. 민족이 민족을, 나라가 나라를 대적하며 싸움이 일어나고, 기근과 지진이 발생합니다. 사람들은 서로를 사랑하지 않고 미워하며 다투고 고발합니다. 예수를 믿는 자들은 미움과 핍박을 당하며, 거짓 종교 지도자들이 많이 나타나고 사회에는 불법이 성행합니다. 마지막에는 적그리스도의 출현이 일어나게 된다고 기록되어 있습니다.

적그리스도는 예수님을 조롱하고 부인하며, 예수님의 권위를 패하려하는 자들입니다. 또한 창조 질서를 깨뜨리는 자들입니다. 성경은 이러한 징조가 나타나면 마지막 때가 가까웠음을 알라고 권면하고 있습니다. 마지막 때가 되면 주님의 재림과 심판이 임하며, 예수님께서 오셔서 산 자와 죽은 자를 심판하신다는 것입니다.

예수 그리스도를 통해 죄 사함을 받아야 하지만, 예수님을 믿지 않는 자들은 결국 죽음의 심판을 피할 수 없습니다. 오늘날 우리가 사는 세상이 바로 마지막 때에 들어선 것은 아닌지 돌아보아야 합니다.

하나님은 살아계십니다. 하나님께서는 창조로 시작하시고, 심판으로 끝을 맺습니다. 하나님은 자연을 통해, 성경을 통해, 예수 그리스도를 통해, 그리고 이스라엘을 통해 당신의 존재와 계획을 분명히 보여주셨습니다. 하나님은 사람들이 이를 궁금히 여기고 깨달아 알기를 간절히 바라십니다. 그러나 많은 사람들은 무관심하게 살아가고 있습니다. 심판은 이미 시작되었습니다.

예수님의 재림이 더딘 이유는 한 영혼이라도 더 구원하고자 하시는 하나님의 사랑 때문입니다. 그러나 우리는 긴장을 늦출 수 없습니다. 주님께서 도둑처럼 갑자기 오신다고 말씀하셨기 때문입니다. 예수님을 믿는 것은 생명을 얻는 것이지만, 믿음을 지키는 일은 쉽지 않습니다. 믿음이란 예수님이 나의 구원자이자 주인이라는 것을 믿고, 하나님의 말씀에 따라 살아가는 삶을 의미합니다.

때로는 옛 성품의 자아가 강해 말씀대로 살지 못할 때도 있습니다. 그래서 믿음을 지키는 일이 어렵게 느껴질 수 있습니다. 그러나 믿음을 지킬 수 있도록 노력해야 합니다. 그 방법은 하나님을 만나고, 그 하나님이 어떠한 분이신지 알고자 할 때 하나님께서 만나주시는 것입니다. 그리고 그 만남을 통해 끝까지 믿음 안에서 살아가는 것입니다.

예배는 어떻게 드려야 하나요?
예배란?

"그러므로 형제들아

내가 하나님의 모든 자비하심으로 너희를 권하노니

너희 몸을 하나님이 기뻐하시는 거룩한 산제물로 드리라

이는 너희가 드릴 영적 예배니라"

(롬 12:1)

예배에서 가장 중요한 것은 대상입니다. 우리의 예배 대상은 사람이 아니라 하나님이십니다. 예배란 하나님을 간절히 찾는 자가 하나님 앞에 나와 무릎을 꿇고 엎드려 경배하는 것입니다. 하나님은 우리의 생명이시자 심판자이시기 때문에, 예배는 오직 하나님께만 드려야 합니다.

예배란 '바짝 엎드린다'는 뜻으로, 존경과 경의, 찬양과 영광을 하나님께 드리며 하나님의 이름을 높여 드리고 유일하신 하나님을 고백하고 나 자신을 드리는 행위입니다. 또한 예배는 하나님과의 교제이며, 그 교제는 인격적인 관계를 전제로 합니다. 그래서 우리는 예의를 갖추고 하나님을 존경하는 마음으로 우리의 모습을 드리는 것입니다.

　예배는 오직 하나님께만 드려야 하며, 사람이 주체가 되어 예배를 드리는 것이 되어서는 안 됩니다. 예배의 주체는 하나님이십니다. 예배는 나의 시간과 정성을 드리고, 간절히 하나님을 바라보는 심령으로 하나님께 올려드리는 것입니다. 우리는 하나님 앞에 나올 때 즐거움과 기쁨을 느끼지만, 동시에 두렵고 경외하는 마음이 먼저 있어야 합니다. 이는 심판자이시고 존귀하신 하나님의 권위 앞에 겸손히 엎드려야 하기 때문입니다.

　믿음이 좋고 하나님을 사랑한다는 것은 어떻게 알 수 있을까요? 사람의 마음은 겉으로 드러나는 행동과 태도로 어느 정도 드러납니다. 좋은 믿음은 특히 예배의 자세에서 나타납니다. 우리는 예배에 나오기 전에 철저한 회개와 통회의 마음으로 자신을 돌아보고, 마음과 몸가짐을 가다듬으며, 기도로써 예배를 준비해야 합니다. 이는 단순한 형식이 아니라, 하나님을 향한 진실한 사랑과 경외심이 드러나는 방식입니다.

　예배는 세상 사람들과 구별된 자들, 특히 하나님께서 택하시고 부르신 자들이 영과 진리로 드리는 것입니다. 따라서 세상의 방식이 아니라 하나님의 방식으로 예배해야 합니다.

하나님께 예배를 드린다는 것은 우리가 하나님께 속한 자임을 나타내는 것입니다. 하나님은 거룩하시므로, 거룩한 백성들이 거룩함으로 예배를 드리는 것이 마땅합니다.

예배를 드린다는 것은 단순한 행위가 아니라, 하나님께 속한 자로서 영생을 누리는 길이기도 합니다. 그러나 중요한 것은 형식이 아니라 진정성입니다. 하나님께서 우리의 예배를 기쁘게 받으셨는가가 중요하며, 하나님은 우리의 마음가짐과 경건한 마음을 보십니다.

성경은 예배의 중요성을 여러 차례 강조하고 있습니다. 예배를 드리기 전의 마음가짐부터 엄중하고 치밀한 예배의 절차까지, 모든 것에는 의미가 담겨 있으며 하나님께서 원하시는 예배를 드리도록 기록하신 것입니다. 그만큼 예배는 중대한 행위입니다.

하나님께서 이스라엘을 택하시고 그들을 구원하신 목적 중 하나는, 이스라엘 백성을 통해 예배를 받으시기 위함입니다. 따라서 예배를 드린다는 것은 구원받은 사람들이 하나님께 경건하게 드리는 행위임을 의미하며, 그 모습은 더욱 엄숙하고 정결해야 합니다.

결국 예배는 단순한 형식이나 관습이 되어서는 안 되며, 마음과 자세가 함께하는 진정한 경배가 되어야 합니다.

예배는 나 자신을 하나님께 드리는 행위입니다. 마음과 물질, 기도와 찬양, 간구를 드리며, 예배 가운데 하나님의 말씀을 붙잡고 세상 속에서 빛과 소금으로 살아가는 삶으로 이어집니다.

또한 예배는 내 삶 전체에서 드려지는 것이기도 합니다. 성령이 내 안에 거하시므로 나는 하나님의 성전이 되어 살아가야 합니다. 우리의 생각과 말, 행동이 경건하고 거룩해야 하며, 그래야만 믿음을 온전히 지킬 수 있습니다. 천국 백성들은 이미 자기 안에 천국이 임했다는 확신을 가지고 삶을 살아갑니다.

믿는 자에게
주는 권면

"영혼 없는 몸이 죽은 것 같이
행함이 없는 믿음은 죽은 것이니라"

야고보서 2장 26절

"오직 성령의 열매는
사랑과 희락과 화평과 오래참음과 자비와 양선과
충성과 온유와 절제니
이같은 것을 금지할 법이 없느니라"

갈라디아서 5장 22-23절

믿는 자들에 대한 권면 1

"나더러 주여 주여 하는 자마다 다 천국에 들어갈 것이 아니요

다만 하늘에 계신 내 아버지의 뜻대로 행하는 자라야 들어가리라"

(마 7:21)

"나는 참 포도나무요 내 아버지는 농부라

무릇 내게 붙어 있어 열매를 맺지 아니하는 가지는

아버지께서 그것을 제거해 버리시고"

(요 15:1-2)

"의인은 믿음으로 말미암아 살리라"(히 10:38)

신앙인의 최종 목표는 예수님을 만나 변화되고 거듭나며, 예수님의 의로운 옷을 입고 천국에 들어가는 것입니다. 성경은 구원과 심판에 대해 낳이 언급하며, 구원을 받기 위해 필요한 조건을 알려주고 있습니다.

그 구원의 조건은 바로 믿음입니다. 성경에 나오는 믿음의 사람들은 어떤 삶을 살았는지, 또 어떤 믿음을 가져야 하나님 나라에 들어갈 수 있는지에 초점을 맞추는 것이 중요합니다.

"아벨은 믿음으로 가인보다 더 나은 제사를 하나님께 드림으로 의로운 자라 증거를 얻었으며, 에녹은 믿음으로 하나님을 기쁘시게 하는 자라하는 증거를 받았으며 노아는 믿음으로 보이지 않는 일에 경고하심을 받아 경외함으로 세상을 정죄하고 의인의 상속자가 되었으며 아브라함은 믿음으로 부르심에 순종하였으며 더 나은 본향을 사모하고 또 믿음으로 이삭을 하나님께 드렸으며 사라 또한 믿음으로 잉태할 수 있는 힘을 얻고 약속하신 이를 미쁘신줄 알았으며 이삭은 믿음으로 장차 있을 일에 대하여 야곱과 에서에게 축복하였고 야곱은 믿음으로 죽을 때 요셉의 각 아들에게 축복하고 그 지팡이 머리에 의지하여 경배하였으며 믿음으로 요셉은 임종시에 이스라엘 자손들이 떠날 것을 말하고 또 자기 뼈를 위하여 명하였으며 믿음으로 모세는 장성하여 바로의 공주의 아들이라 칭찬받기를 거절하고 도리어 하나님의 백성과 함께 고난 받기를 잠시 죄악의 낙을 누리는 것보다 더 좋아하고 그리스도를 위하여 받는 수모를 애굽의 모든 보화보다 더 큰 재물로 여겼으니 이는 상 주심을 바라봄이라"(히 11:1-6)

믿음의 사람들에게는 공통된 특징이 있습니다. 그들은 하나님 앞에 나아가 자신을 부인하고, 자신의 뜻을 내려놓으며 하나님께 순종과 복종을 드렸습니다. 하나님 말씀과 뜻에 따라 결단하고 행동했으며, 하나님께서 가라 하시면 가고, 멈추라 하시면 멈추었습니다.

믿음의 사람들은 하나님을 기쁘시게 하려 최선을 다하며, 오직 하나님만 바라보고 세상과 타협하지 않았습니다. 그들은 끝까지 하나님을 경외하며, 하나님의 나라를 위해 고난과 희생도 감수했습니다. 또한 하나님 나라를 사모하며, 자신의 사명을 끝까지 완수한 사람들이 맞습니다.

믿음의 사람들은 의인이었습니다. 여기서 의인이라는 것은 죄가 나를 지배하지 않고, 하나님의 의로우심이 나를 다스리는 삶을 의미합니다.

믿음은 단순한 마음의 확신이 아니라, 하나님 앞에 나 자신을 복종시키고, 하나님의 계명을 지키며, 그리스도인의 사명을 끝까지 완수하는 삶입니다. 천국은 의로운 자들만 들어갈 수 있으며, 우리는 예수 그리스도의 십자가를 통해 하나님의 의로우신 사랑으로 의롭다 함을 받음으로써 하나님의 자녀가 되었습니다. 따라서 우리는 천국으로 들어갈 신분을 부여받게 된 것입니다.

이제 우리는 하나님의 양자로서 믿음을 따라 살아야 합니다. 믿음이란 결국 그리스도 안에서 자신을 복종시켜 하나님의 뜻대로 사는 것을 의미합니다. 이것이 바로 의인입니다. 따라서 의로운 자들이 믿음으로 살아가는 것은 하나님의 뜻입니다.

이제 우리는 그리스도 안에서 믿음으로 하나님의 뜻에 따라 살아야 합니다. 그렇다면 주님께서 우리에게 주신 하나님의 뜻은 무엇일까요?

"네 마음을 다하고 목숨을 다하고 뜻을 다하여 주 너의 하나님을 사랑하라 하셨으니 이것이 크고 첫째 되는 계명이요 둘째도 그와 같으니 네 이웃을 네 자신 같이 사랑하라 하셨으니 이 두 계명이 온 율법과 선지자의 강령이니라"(마 22:37-40)

우리가 예수님을 믿는다는 것은 단순히 지식적인 동의에 머무는 것이 아닙니다. 참된 믿음은 반드시 삶의 변화를 동반합니다. 주님의 은혜로 구원받은 성도는 성령의 인도하심 속에서 예수님의 성품을 닮아 가며, 선한 행실의 열매를 맺는 삶으로 나아가게 됩니다.

구원은 오직 믿음으로 얻는 선물이지만, 그 믿음의 진실성은 우리가 주님을 따라 살아가며 맺는 삶의 열매를 통해 증명됩니다. 우리의 성품이 주님 안에서 날마다 새로워질 때, 우리는 천국 혼인 잔치에 참여하는 성도로서의 기쁨과 확신을 온전히 누리게 될 것입니다.

이 세상은 잠시 머무는 곳에 불과하며, 우리는 지금 마지막 막차를 타기 위해 정류장에서 기다리고 있습니다. 정류장에는 신분과 상관없이 노인, 젊은이, 아이들이 모두 있습니다. 이 모두가 기쁨으로 막차를 기다려야 하지만, 누구는 기쁠 수 있고, 누구는 슬플 수도 있습니다. 왜냐하면 우리 모두의 마지막 정착역은 주님의 심판대 앞이기 때문입니다.

믿는 자들에 대한 권면 2

"너는 이것을 알라 말세에 고통하는 때가 이르러 사람들이 자기를 사랑하며 돈을 사랑하며 자랑하며 교만하며 비방하며 부모를 거역하며 감사하지 아니하며 거룩하지 아니하며 무정하며 원통함을 풀지 아니하며 모함하며 절제하지 못하며 사나우며 선한 것을 좋아하지 아니하며 배신하며 조급하며 자만하며 쾌락을 사랑하기를 하나님 사랑하는 것보다 더하매 경건의 모양은 있으나 능력은 부인해 이같은 자들에게서 네가 돌아서라" (딤후 3:1-5)

마태복음 13장 36~42절에는 알곡과 가라지의 비유가 나옵니다. 여기서 알곡은 천국의 아들들을, 가라지는 악한 자의 아들들을 의미합니다. 가라지는 알곡과 비슷하여 처음에는 진짜와 구별하기 어렵습니다. 그러나 가라지를 뽑아내지 않으면 그 번식력이 너무 강해, 진짜 좋은 알곡을 충분히 거둘 수 없게 됩니다.

알곡과 가라지의 비유는 교회 안에서 믿는 사람들을 구분하는 의미를 담고 있습니다. 가라지는 세상 사람들과 다를 바 없는 사람들로, 믿음을 가진 것처럼 보이지만 내면을 보면 두 마음을 품고 살아가는 사람들입니다. 즉, 하나님의 말씀대로 살지 않고 모든 중심이 자기 자신에게 있으며, 자기만을 위해 사는 사람들입니다.

그들은 자신을 높이고 자랑하며, 자기 교회만 돌보면서 다른 교회의 어려움은 외면합니다. 다른 사람 위에 군림하려 하며, 자신의 기준으로 믿음을 판단하기도 합니다. 또한 신앙을 이용해 남을 비방하거나 훼방하기도 합니다. 자신을 위해 쓰는 것에는 인색하지 않으면서, 남을 도와야 할 때는 인색합니다. 하나님을 사랑하기보다 돈을 더 사랑하고, 세상 것에 더 관심을 두며 하나님의 방법이 아닌 세상적 방법으로 살아갑니다. 예배를 드릴 때조차 형식에만 치중합니다.

가라지를 심은 자는 원수인 마귀이며, 가라지는 마귀의 자녀라고 하였습니다. 추수 때가 되면 추수꾼이 가라지를 곳간에 넣지 못하도록 거두어 불에 태웁니다. 이와 같이 인생의 마지막, 세상 끝날 때에도 주님께서는 진실한 믿음의 사람들을 구별하시고, 그 사이에 숨어 있는 거짓된 자늘, 불법을 행하는 자들을 풀무불에 던지실 것이라는 무서운 경고의 말씀을 하신 것입니다.

세상에는 너무나 많은 가짜 성도와 가짜 사역자가 많습니다. 마지막 때가 되면 주님께서는 마귀와 그 종들, 그리고 그 자녀들인 가짜 성도, 가짜 사역자 모두를 불에 던져 심판하실 것입니다. 예수님께서는 우리에게 좁은 문으로 들어가도록 힘쓰라고 말씀하십니다.

"멸망으로 인도하는 문은 크고 그 길이 넓어 그리고 들어가는 자가 많고 생명으로 인도하는 문은 좁고 그 길이 협착하여 찾는 자가 적음이라" (마 7:13)

그리스도인은 세상 속에 살지만 세상의 가치관에 함몰되지 않고, 삶의 모든 영역에서 하나님의 통치를 인정하며 살아야 합니다. 우리는 일상의 필요를 채우는 과정에서 찾아오는 물질적인 유혹과 탐심을 경계해야 합니다. 정당한 수고와 노력 없이 요행만을 바라는 복권이나 사행성 도박은 우리 마음을 하나님으로부터 멀어지게 만들 위험이 있습니다. 주식 투자와 같은 경제 활동 또한 그 자체가 악한 것은 아니나, 그것이 정당한 투자를 넘어 일확천금을 노리는 탐욕으로 변질되지 않도록 늘 깨어 있어야 합니다. 하나님의 사람은 전적으로 하나님을 신뢰하며, 허락하신 은혜 안에서 정직하고 성실하게 땀 흘려 일하는 삶의 소중함을 잊지 말아야 합니다.

신앙인은 세상의 질서 안에서 살아가되 그 중심만큼은 하나님께 두어 세상과 구별된 삶을 사는 자들입니다. 하나님의 자녀로서 땅의 것에 일희일비하기보다, 영원한 하늘 소망을 바라보며 주어진 삶의 터전에서 신실한 청지기의 사명을 다해야 할 것입니다.

천국에 가면 두 번 놀란다는 말이 있습니다. 한 번은 와야 할 사람이 오지 않았다는 사실에 놀라고, 또 한 번은 올 수 없는 사람이 와 있다는 사실에 놀란다는 것입니다.

죽는다고 모든 것이 끝나는 것이 아니라는 사실은 모든 신앙인이 알고 있습니다. 그러나 안타까운 점은, 자신의 신앙이 잘못되어 가고 있다는 것을 깨닫지 못하고, 자기 의가 강해 스스로의 들보조차 보지 못하며 살아간다는 것입니다.

"그 때에 두 사람이 밭에 있으매 한 사람은 데려가고 한 사람은 버려둠을 당할 것이요 두 여자가 맷돌질을 하고 있으매 한 사람은 데려가고 한 사람은 버려둠을 당할 것이니라 그러므로 깨어 있으라 어느 날에 너희 주가 임할는지 너희가 알지 못함이니라"(마 24:40-42)

내 교회 안에서 누가 천국에 들어가고 누가 지옥에 들어갈지는 아무도 알 수 없습니다. 주일에 예배를 드리고, 교회에서 헌금을 많이 내고, 봉사를 열심히 하며, 하루 종일 기도를 한다고 해서 천국에 들어갈 수 있는 것이 아닙니다. 우리는 살아가면서 그리스도의 향기를 나타내며 선한 행실을 많이 맺고, 하나님의 계명을 온전히 지켜 나가야 합니다.

선한 행실의 열매는 예수님의 성품을 가진 사람이 성령의 열매를 맺는 것을 의미합니다. 즉, 사랑과 희락, 화평, 오래 참음, 자비와 양선, 충성, 온유, 절제를 내 삶 속에서 실제로 열매 맺으며 살아가는 것입니다.

우리는 지금 자신의 신앙을 돌아보고 점검해야 합니다. 두 마음을 품고 세상과 타협하며 살아서는 안 됩니다. 진정한 신앙은 나 자신이 변화되는 것입니다. 나를 내려놓고, 날마다 주님 앞에 무릎 꿇고 주님께서 나를 인도해 달라고 간절히 부르짖어야 합니다.

우리는 가라지가 되어서는 안 되며, 참된 알곡이 되어야 합니다. 알곡은 하루아침에 만들어지는 것이 아닙니다. 추수꾼이 추수하기 전까지 잘 익은 알곡이 되어 있어야 합니다.

그러나 추수의 날이 언제인지는 아무도 알 수 없습니다. 주님께서 언제 오실지 모르며, 만약 오늘 오라 하시면 우리는 즉시 나아가야 합니다. 그러므로 우리는 날마다 주님 앞에 무릎 꿇고 나아가야 합니다.

회개합시다! 그리고 관계를 회복합시다!
하나님과의 관계, 부모와의 관계, 부부와의 관계, 자식과의 관계, 형제와의 관계, 이웃과의 관계가 화평으로 맺어지도록 합시다.
하나님이 보시기에 선한 자로서, 예수님의 행실을 드러내는 참된 하나님의 자녀가 됩시다!

예수님의
성품을 닮아야 합니다

천국의 백성들은 예수님의 행실을 닮아갑니다. 천국은 말 그대로 누구나 갈 수 있는 곳이 아닙니다. 참되게 예수님을 믿는다면 내 성품이 변화되지 않으면 안 됩니다.

의인들은 하나님 앞에서 믿음의 사람임을 증명받았습니다. 그 증명의 시작은 먼저 하나님께 나아가 무릎을 꿇고 자신을 부인하는 고백이었으며, 이것이 바로 순종입니다. 의인들은 믿음을 향해 나아가며 끝까지 자신의 사명을 완수했습니다.

우리는 예수 그리스도의 대속의 은혜로 하나님의 의로운 사랑을 받아, 이제 의로운 자로서 양자 된 신분을 부여받았습니다. 따라서 우리도 믿음 안에서 예수님의 십자가 사랑을 본받아야 합니다.

십자가의 사랑은 나의 옛 성품을 죽이는 것입니다. 내가 죽어야 내 가족과 이웃이 살 수 있습니다. 모든 죄는 나의 고집과 아집에서 비롯됩니다.

하나님께서는 우리가 진정한 하나님의 자녀가 되기를 바라시며, 이 땅에서의 삶을 통해 그 자녀 됨을 드러내길 원하십니다. 그리고 하나님의 자녀로서 맡은 사명을 다한 뒤, 하나님께서 "이제 오라" 하실 때 우리는 기쁨으로 주님의 품에 나아갈 수 있어야 합니다.

하나님의 자녀는 예수님의 성품을 닮습니다. 또한 이 땅에서 선한 행실의 열매를 많이 맺으면, 아버지께서 영광을 받으시고 우리는 진정한 예수님의 제자가 되는 것입니다.

예수님의 성품은

첫째, 심령이 가난한 자입니다.

심령이 가난한 자란, 절박한 상황 가운데 간절한 마음으로 하나님을 찾고 부르짖는 사람을 말합니다. 그들은 자신을 비우고 오직 하나님만을 바라보며 의지하며 살아가는 신앙을 지닙니다. 하나님은 이렇게 찾고 부르짖는 자들에게 친밀하게 동행하시며, 하나님의 임재를 누리게 하실 것입니다.

둘째, 애통하는 자입니다.

자신의 죄를 애통하며 거룩하지 못한 자신의 모습을 회개하고, 세상의 불의를 안타까워하며 기도하는 사람입니다. 또한 이웃과 형제들이 고통과 슬픔에 처했을 때 함께 공감하며 위로하고, 그들의 영혼이 죽어가는 것을 안타까워하며 구원에 힘쓰는 자입니다. 이처럼 애통하는 자는 주님의 이름이 거룩히 여김을 받기에 합당한 성도의 삶을 살게 됩니다.

셋째, 온유한 자입니다.

온유한 자란 잘 다스려지고 절제된 인격을 가진 사람으로, 야생마가 주인에게 길들여져 이제는 자기 뜻이 아니라 주인이 원하는 대로 살아가는 자입니다. 이제 그는 하나님께 속한 자로서, 천국이 임한 순종자가 됩니다. 따라서 자신의 혈기, 아집, 고집을 모두 내려놓고 성령님의 통치 아래 하나님의 말씀에 순종하며 살아가는 사람입니다. 그럴 때 기쁨과 감격이 임하며, 하나님의 완전한 뜻이 이 땅에도 이루어지게 될 것입니다.

넷째, 의에 주리고 목마른 자입니다.

의는 하나님의 공의와 정의를 의미합니다. 하나님과 바른 관계를 맺기 위해서는 내 안에 의로움이 있어야 합니다. 따라서 불의한 공동체

나 사회 속에서도 하나님의 참된 공의를 끝까지 갈망하며, 이를 앞세워 추구하고 세워 나아가야 합니다. '의에 주린다'는 것은 전적으로 하나님을 의지하는 삶을 말합니다. 그럴 때 하나님께서 공급하시는 은혜와 영적인 양식을 풍성히 채워 주실 것입니다.

다섯째, 긍휼한 자입니다.

불쌍히 여기는 자는 자비를 베푸는 사람입니다. 남의 딱한 사정을 보면 마음 아파하고, 적극적으로 도와주기를 주저하지 않으며, 돌보면서 사랑의 마음을 전합니다. 사랑은 단지 말로 하는 것이 아니라, 말없이 행동으로 실천하는 것입니다. 긍휼히 여기는 자에게는 하나님의 죄사함이 임합니다.

여섯째, 마음이 청결한 자입니다.

거짓이 없고 위선이 없는 깨끗하고 정직한 사람입니다. 세상의 마음이 아닌 하나님의 마음과 합하는 자입니다. 또한 하나님 앞에서 떳떳하게 진실되며, 모든 면에서 순수해야 합니다. 그럴 때 어디에서나 당당할 수 있고, 모든 시험과 영적 전쟁 가운데서도 승리하는 삶을 살 수 있습니다.

일곱째, 화평케 하는 자입니다.

화평케 하는 사람은 모든 관계에서 평화와 화목을 이루는 사람입니다. 사람과 사람 사이, 하나님과 사람 사이의 막힌 관계를 원만하게 연결하고 회복하도록 적극적으로 나서는 사람입니다. 그 속에는 사랑과 섬김, 배려와 관용, 겸손, 그리고 용서하는 마음이 담겨 있습니다. 이는 곧 예수님의 마음을 전하는 것입니다. 화평케 하는 사람에게는 하나님과의 깊은 관계가 주어지며, 하나님의 자녀로서 천국의 상속자가 되는 복이 임합니다.

여덟째, 의를 위해 핍박을 받는 자입니다.

예수님의 십자가의 사랑으로 우리는 영원한 생명을 값없이 받았습니다. 그러므로 우리는 주님의 은혜에 빚진 자로서, 우리 또한 하나님의 사랑을 드러내야 합니다. 진정한 사랑은 단순히 원수를 사랑하는 것을 넘어, 원수를 위해 십자가를 대신 지는 것입니다. 우리가 의를 위하여 핍박을 받음으로써, 나라와 권세와 영광이 우리 아버지께 있음을 고백하는 기도가 완성되며, 천국의 상급을 받는 우리의 소망이 이루어지게 될 것입니다.

"이와 같이 좋은 나무마다 아름다운 열매를 맺고 못된 나무가 나쁜 열매를 맺나니 좋은 나무가 나쁜 열매를 맺을 수 없고 못된 나무가 아름다운 열매를 맺을 수 없느니라 아름다운 열매를 맺지 아니하는 나무마다 찍혀 불에 던져지느니라"(마 7:17-19)

"육체의 일은 분명하니 곧 음행과 더러운 것과 호색과 우상 숭배와 주술과 원수 맺는 것과 분쟁과 시기와 분냄과 당 짓는 것과 분열함과 이단과 투기와 술 취함과 방탕함과 또 그와 같은 것들이라 전에 너희에게 경계한 것 같이 경계하노니 이런 일을 하는 자들은 하나님의 나라를 유업으로 받지 못할 것이요 오직 성령의 열매는 사랑과 희락과 화평과 오래 참음과 자비와 양선과 충성과 온유와 절제니 이같은 것을 금지할 법이 없느니라 그리스도 예수의 사람들은 육체와 함께 그 정욕과 탐심을 십자가에 못 박았느니라"(갈 5:19-24)

예수님의 성품을 닮기로 결단하셨다면, 이제는 삶 속에서 아름다운 열매를 맺어야 합니다. 그것이 바로 하나님께서 바라시는 참된 하나님의 자녀의 모습입니다.

성령의
아홉 가지 열매

　세상을 살아가는 사람들을 영의 시각으로 바라보면, 두 가지 영적 모습을 볼 수 있습니다. 그것은 선한 자와 악한 자입니다. 모든 인간은 죄인입니다. 그러나 선한 자는 하나님께 속한 자로서, 예수 그리스도를 믿음으로 구원을 받은 하나님의 자녀입니다. 반면 악한 자는 하나님 없이 자신의 힘으로 세상을 살아가며, 예수 그리스도를 믿지 않는 자로서 마귀의 자녀라고 할 수 있습니다. 결국 마귀와 그 종들, 그리고 마귀의 자녀들은 영원히 빠져나올 수 없는 불못에 들어가 고통을 받게 됩니다.

　그러나 믿는 자들도 안심할 수만은 없습니다. 그리스도인답게 살지 못한다면, 하나님을 기쁘시게 할 수 없기 때문입니다. 그렇다면 어떻게 살아야 그리스도인답게 살 수 있을까요? 그것은 바로 아름다운 열매를 풍성히 맺는 삶입니다.

　'아름답다'는 것은 선한 것을 의미하며, '열매'란 행실을 뜻합니다. 즉, 우리는 선한 행실을 풍성히 맺어야 합니다. 기독교의 신앙은 자신을 내어주어 생명을 살리고, 더불어 함께 화목을 이루어 가는 아가페적인 신앙입니다.

그렇다면 우리의 삶에서는 어떻게 선한 행실의 열매를 맺을 수 있을까요? 앞에서도 언급했듯이, 그것은 바로 성령의 아홉 가지 열매입니다.

첫째, 사랑입니다.

사랑은 섬김과 나눔, 희생, 관용, 그리고 용서로 나타납니다. 사랑은 받는 은혜에서도 기쁨이 있지만, 주는 사랑은 마음이 뿌듯하고 보람되며 기쁨이 충만합니다. 사랑은 그리스도인의 기본 덕목입니다.

둘째, 희락입니다.

희락은 기쁨과 즐거움을 함께 나누는 것입니다. 때로는 어려움 속에서도 하나님의 사랑을 생각하며 감사함으로 기쁨을 누리는 것입니다.

셋째, 화평입니다.

화평은 하나님과의 관계, 사람과의 관계에서 막혔던 부분을, 환경과 상관없이 원만하게 회복하고 유지하도록 돕는 삶입니다.

넷째, 오래 참음입니다.

오래 참음은 기다리고 인내하는 마음입니다. 어떠한 시련 속에서도 믿음으로 참고 견디며 포기하지 않는 마음을 말합니다.

다섯째, 자비입니다.

자비는 상대방을 헤아리고 공감해 주는 너그러운 마음이며, 또한 불쌍한 자를 긍휼히 여기고 베푸는 따뜻한 마음입니다.

여섯째, 양선입니다.

양선은 어려운 사람을 외면하지 않고, 행동으로 적극적으로 나서서 돕는 선한 성품입니다. 또한 옳은 일이라면 주저 없이 실천하며, 선한 일에 앞장서는 사람을 말합니다.

일곱째, 충성입니다.

충성은 맡은 바를 책임 있게 성실히 수행하는 것입니다. 다시 말해, 무엇이든 신실함과 신뢰를 가지고 섬김과 사명을 끝까지 다하는 것을 의미합니다.

여덟째, 온유입니다.

온유란 나를 내려놓고 하나님의 뜻에 순종하는 삶을 말합니다. 따라서 겸손한 마음으로 상대방을 신뢰하고 존중하며 따르는 태도를 갖는 것입니다.

아홉째, 절제입니다.

절제란 나의 생각과 감정을 앞세우지 않고, 정욕을 다스리며 다투지 않고 성내지 않으며, 부족하여 무엇을 가지려 하지 않고, 누리고자 탐하는 마음을 통제하는 것입니다. 따라서 신앙인의 삶에서 절제는 균형 있는 삶을 이루는 데 필수적입니다.

참된 그리스도인은 말과 행동이 일치합니다. 그 사람의 삶을 들여다보면 알 수 있습니다. 참된 그리스도인은 예수님의 성품을 지닌 자로서, 성령의 열매를 풍성히 맺으며 살아가는 사람입니다.

성품과 열매는 내 힘으로 이루어지는 것이 아닙니다. 내 안에 계신 성령 하나님께서 이끌어 주셔야 합니다. 그러기 위해서는 하나님이 누구신지, 살아계신지에 대한 확신이 내 안에 있어야 합니다. 그래야 하나님을 만날 수 있으며, 자신이 그리스도인으로 변화되어 가고 있음을 저절로 알게 됩니다.

　　성령의 열매는 공동체 안에서, 사회에서, 나아가 나라가 함께 주님의 평안 가운데 화목을 이루기 위해 있는 것입니다. 그러나 모든 일은 반드시 사랑으로 행해야 합니다. 성령의 열매를 맺어 나가면 말할 수 없는 평안이 찾아오고, 기쁨과 감격이 충만하게 됩니다. 우리는 날마다 감사함으로 살아야 합니다!

믿음을 끝까지 지키는 자가 천국으로 들어갈 수 있습니다 어떻게 해야 믿음을 끝까지 지킬 수 있을까요?

많은 신앙인들이 처음에는 교회에 열심히 다니다가도 중도에 포기하거나, 신앙의 열정이 점점 식어 의무감과 형식에 따라 신앙생활을 하는 경우가 많습니다. 성경 공부도 하고 봉사도 하며 직분도 맡고 있는데, 왜 이런 일이 일어날까요? 그것은 믿음의 훈련이 부족하기 때문입니다.

믿음이란 하나님이 살아 계심을 깨닫는 것이며, 예수 그리스도께서 나의 구원자이시고 내 삶의 주인이심을 믿고 하나님의 말씀에 순종하며 살아가는 것을 말합니다.

믿음을 지킨다는 것은 하나님과의 관계를 지속적으로 유지해 나가는 것입니다. 하나님을 만난다는 것은 하나님이 어떤 분이신지를 알고 그 분과 인격적인 관계를 맺는 것이며, 그 관계 속에서 믿음을 끝까지 붙드는 것입니다.

그러므로 믿음을 지키는 일은 매우 중요합니다. 시험에 들거나 신앙을 포기하는 경우도 대부분 하나님과의 관계를 유지하지 못할 때 일어납니다. 하나님과의 관계를 잘 세워 가는 사람은 믿음을 끝까지 지켜 내는 사람이며, 그런 사람들은 거룩한 삶을 살아 하나님을 기쁘시게 합니다.

믿음을 지키고 유지할 수 있는 방법은 믿음의 훈련입니다. 이러한 훈련이 매일의 삶 속에서 반복될 때, 우리는 하나님과의 관계를 지속적으로 유지할 수 있습니다. 그렇다면 어떻게 해야 믿음을 지켜 나갈 수 있을까요?

믿음을 끝까지 지키는 방법 첫 번째, 회개입니다.

회개는 하나님과의 관계를 회복할 수 있는 유일한 길입니다. 이스라엘 백성들이 나라가 분열되고 포로로 끌려가게 된 것은 하나님의 사랑을 잊고 현실에 매료되어 세상과 타협하며 우상을 따르고 육신을 좇아 살았기 때문입니다.

그러나 하나님께서는 끊임없이 돌아오라고 말씀하시며 기다려 주시고, 결코 포기하지 않으십니다. 하나님께서는 인간의 불순종과 타락으로 인해 파괴되었던 에덴동산을 다시 회복하시기를 원하십니다.

하나님은 우주 만물을 창조하신 위대하시고 존귀하신 분이십니다. 그러나 하나님처럼 되려 했던 최초 인간의 교만의 결과로, 오늘날까지도 인간의 영적인 눈은 닫혀 있고 여전히 육신의 정욕과 욕망을 따라 살기 위해 몸부림치고 있습니다. 마치 평생 죽지 않을 것처럼 자기중심적인 삶을 살아갑니다.

홍해와 요단강을 가르시고 원수들을 물리치시며, 옷을 입히시고 물과 양식을 먹이시며 더위와 추위로부터 보호하신 하나님, 더 나아가 아들의 생명까지 내어 주시며 우리를 사랑하신 하나님이십니다. 하나님께서는 "돌아오라, 내게로 돌아오기만 하면 용서하고 심판하지 않겠다"라고 약속하십니다. 그것이 회개입니다.

B.C. 1010년 경 통일 왕국을 세운 다윗은 유부녀 밧세바와 죄를 범하였고, 그녀를 얻기 위해 충성된 신하이자 밧세바의 남편인 우리아를 모략하여 전장에서 죽게 했습니다. 그 결과 다윗의 가정에는 가족 간의 배신과 다툼이 끊이지 않았고, 그는 자신의 죄로 인해 혹독한 고통

을 겪어야 했습니다.

그러나 다윗은 자신의 죄를 통회하며 하나님 앞에 나아가 무릎 꿇고 눈물로 회개하였습니다. 하나님께서는 그의 회개를 받으시고, 다시 하나님과의 관계를 회복하게 하셨습니다.

회개에는 회복과 더불어 축복의 역사가 따릅니다. 우리는 육신의 몸을 입고 살아가기에 늘 죄의 유혹에 노출되어 있으며, 자신의 힘만으로는 마음을 절제하고 죄를 다스리기 어렵습니다. 그렇기에 우리는 날마다 주님 앞에 엎드려 죄를 짓지 않도록 도우심을 구해야 합니다.

회개는 즉각적으로 이루어져야 합니다. 방 안에 먼지와 쓰레기가 쌓이면 바로 치워야 하듯, 우리의 마음도 그때그때 깨끗이 정결하게 해야 합니다. 과거의 죄가 떠오를 때에도 그 순간 하던 일을 멈추고 즉각 하나님 앞에 나아가 회개해야 합니다.

회개는 곧 나 자신을 부인하고, 전적으로 하나님을 의지하며 그분의 뜻대로 살기를 다짐하는 것입니다. 우리는 단지 하나님께서 주신 은혜에만 머무는 삶이 아니라, 하나님께서 기뻐하시는 삶을 살 수 있도록 끊임없이 간구해야 합니다. 성령의 인도하심을 받는 사람에게는 이러한 즉각적인 회개가 자연스럽게 나타납니다.

믿음을 끝까지 지키는 방법 두 번째, 말씀을 읽고 듣고 암송하는 것입니다.

하나님께서는 말씀으로 세상을 창조하셨고, 지금도 그 말씀으로 역사를 다스리시며 이끌어 가십니다. 하나님의 말씀에는 능력이 있으며 소망을 주고, 우리를 위로하고 격려해 주십니다. 때로는 질책과 징계를 통해 우리를 바로 세우시고, 말씀으로 권면하시며 하나님의 자녀답게 살아가도록 훈계하십니다.

인간의 타락과 불행은 하나님의 말씀에 대한 불순종에서 시작되었습니다. 선악을 알게 하는 나무의 열매를 먹은 결과, 사람들은 스스로 주인이 되어 모든 것을 판단하고 정죄하며 살아가게 되었습니다. 그러나 하나님의 자녀가 된 사람은 하나님의 말씀을 따라 살아가며, 용서와 화평으로 이웃과의 관계를 맺어 삽니다.

하나님의 말씀은 길이요 진리이며, 그 말씀을 따를 때 우리 인생에도 승리가 임합니다. 성경 속 여호수아가 여리고성을 무너뜨린 사건이 바로 그 예입니다.

이스라엘 백성들은 하나님의 백성이 되기 위한 40년 광야 여정을 마치고, 가나안 땅으로 들어가기 위해 반드시 여리고 성을 돌파해야 했습니다. 여리고성은 사람의 눈으로는 결코 무너뜨릴 수 없는 견고한 성이었습니다. 외벽은 높이 5m의 거대한 석조벽 위에 6m 높이의 진흙 벽돌이 세워져 있었고, 내벽은 외벽보다 더욱 견고했으며, 두 성벽 사이에는 경사면이 만들어져 누구도 오르기 어렵게 설계되어 있었습니다.

그러나 하나님께서 여호수아와 백성들에게 말씀하십니다.

“하루에 한 바퀴씩 성을 돌고, 7일째 되는 날에는 일곱 번 돌고, 제사장들은 나팔을 불되, 나팔 소리가 들릴 때 백성들은 큰 소리로 함성을 지르라. 그러면 성이 무너질 것이다.”

여호수아와 백성들은 말씀을 듣고 그대로 순종했습니다. 그리하여 가장 오래되고 견고하게 세워진 성벽이 하나님의 말씀대로 무너져 내

렸습니다. 더욱 놀라운 것은 성벽이 백성들이 다치지 않도록 안쪽으로 무너졌다는 사실입니다.

이 사건은 하나님의 말씀이 역사하는 능력이 있음을 보여 줍니다. 사람의 생각과 방법으로는 불가능해 보이는 일도, 말씀에 순종할 때 이루어집니다. 하나님의 말씀에 순종하면 내 마음 안의 견고한 불순종의 진이 무너지고, 하나님의 축복과 능력이 내 삶 속에 나타납니다.

"복 있는 사람은 악인들의 꾀를 따르지 아니하며
죄인들의 길에 서지 아니하며 오만한 자들의 자리에 앉지 아니하고
오직 여호와의 율법을 즐거워하여 그의 율법을 주야로 묵상하는도다
그는 시냇가에 심은 나무가 철을 따라 열매를 맺으며
그 잎사귀가 마르지 아니함 같으니
그가 하는 모든 일이 다 형통하리로다"
(시 1:1-3)

하나님의 말씀을 가까이 한나는 깃은 곧 하나님 안에서 살아가는 삶을 의미합니다. 말씀을 읽다가 마음에 감동이 오는 구절이 있다면 묵상하고 암송하며, 일상에서 그 말씀을 붙들고 적용할 때 놀라운 하나

님의 임재를 경험할 수 있습니다.

말씀을 읽을 때는 소리 내어 읽는 것이 좋습니다. 말씀의 소리를 듣고 몸을 움직이며 함께 참여할 때, 말씀의 능력이 더욱 살아나며 우리의 삶 속에 적용되기 쉽습니다.

믿음을 끝까지 지키는 방법 세 번째, 기도해야 합니다.

기도는 하나님과의 대화이며, 하나님과의 관계를 유지하는 데 매우 중요한 요소입니다. 우리가 말씀을 읽고 듣는 것으로 끝나는 것이 아니라, 진정한 관계를 맺기 위해서는 기도가 필요합니다. 기도를 통해 우리는 하나님 앞에 나아가며, 내 마음과 삶이 변화되고 더욱 성숙한 그리스도인으로 자라게 됩니다.

하나님과 다른 신들과의 큰 차이는 기도를 통해 직접 대화하고 관계를 형성할 수 있다는 점입니다. 기도의 의미와 방법에는 여러 가지가 있겠지만, 그중에서도 예수님께서 제자들에게 가르쳐 주신 주기도문은 기도의 의미를 깊이 깨닫게 하며, 기도의 방법을 이해하는 데 특별한 지침이 됩니다.

첫째, 기도는 하나님의 영광을 높이는 것입니다.

하나님께서는 창조주이시며 전능자이시고, 우리의 주권자이십니다. 모든 일은 하나님의 뜻과 섭리에 따라 이루어집니다. 기도는 이러한 역사의 주관자로서 하나님을 인정하고 신뢰하며 의지하는 행위입니다. 우리가 하나님께 나아갈 때, 모든 마음과 관심을 그분께 집중하며 하나님의 영광을 높이는 것이 바로 기도의 본질입니다.

둘째, 기도는 우리의 심령을 돌아보고, 필요를 간절히 구하는 기도입니다.

우리는 연약하며 인간으로서 한계가 있습니다. 기도는 이러한 우리의 연약함을 인정하고 하나님 앞에 솔직히 고백하는 것입니다. 하나님께서는 우리의 기도를 들으시고 긍휼히 여기시며, 평안을 주십니다. 따라서 기도는 인간을 의지하는 것이 아니라, 하나님이신 그분을 인정하고 그분께 매달리는 행위입니다. 또한 우리의 기도는 하나님의 뜻에 합당한 기도가 되어야 합니다.

셋째, 기도는 나를 낮추고, 전적으로 하나님을 높이는 것입니다.

심판자 되신 하나님 앞에서 나의 연약함을 인정하고, 죄인의 길이 아니라 하나님의 자녀로서 살아갈 수 있도록 간구해야 합니다. 모든 주권은 하나님께 있으며, 기도는 그분의 뜻에 따라 순종하겠다는 다짐과 헌신의 표현이기도 합니다.

　기도의 핵심은 우리의 필요만을 구하는 것이 아니라, 하나님의 영광과 하나님의 나라를 위해 드리는 것입니다. 기도는 이미 천국이 임한 사람으로서 하나님과의 관계를 지속적으로 유지하며 나아가는 삶의 표현입니다.

　따라서 기도는 정직하고 진실하며, 통회하는 마음과 회복을 믿는 감사의 태도를 포함해야 합니다. 예수님께서는 "깨어 있으라, 기도하라"고 말씀하시며 기도의 중요성을 강조하셨습니다. 기도는 우리의 호흡과 같으며, 하나님과의 관계를 유지하는 데 반드시 필요한 행위입니다.

　기도는 소리 내어 드리는 것입니다. 하나님은 우리의 마음과 뜻을 감찰하시는 분이지만, 우리가 간절히 부르짖기를 원하십니다. 사람이 어떤 일을 결단했을 때 생각만 있고 행동으로 옮기지 않으면 뜻을 이루기 어렵듯, 우리의 변화된 마음도 몸이 함께 움직일 때 성장합니다.

예수님께서 말씀하시기를, "너는 기도할 때에 네 골방에 들어가 문을 닫고 은밀한 중에서 계신 네 아버지께 기도하라. 은밀한 중에서 보시는 네 아버지께서 갚으시리라"(마 6:6)라고 하셨습니다.

여기서 '골방에 들어가 기도하라'는 것은 단순히 조용히 기도하라는 의미가 아닙니다. 더 집중하여 간절히 부르짖을 수 있도록 몸으로도 표현하라는 뜻입니다. 실제로 예수님도 그렇게 기도하셨고, 모세, 사무엘, 엘리야, 요나, 다니엘, 스데반 등 성경 속 믿음의 사람들도 모두 그렇게 기도했습니다.

기도는 우리의 신앙을 고백하고 표현하는 행위입니다. 하나님께서 항상 내 앞에 계시다는 사실을 잊지 말고, 그분을 인정하며 신뢰하며 나와 하나님과의 관계를 친밀하게 유지해야 합니다. 쉬지 않고 기도하는 영적인 호흡을 통해, 우리는 믿음을 굳건히 지켜 나갈 수 있습니다.

믿음을 끝까지 지키는 방법 네 번째는, 감사하는 것입니다.

감사하는 마음으로 사는 사람은 늘 긍정적인 사고방식을 가지고 살아갑니다. 행복을 누리며 살아가는 사람이 되며, 불행에 쉽게 흔들리지 않습니다. 실패를 통해서는 성공의 교훈을 배우고, 어려운 과정은 자신을 단련시키는 힘이 됩니다. 또한 위기는 오히려 기회로 삼을 수 있습니다.

하나님 안에서의 감사는 나를 변화시키며, 공동체 안에서는 큰 힘의 원동력이 됩니다. 감사하는 마음에는 나를 낮추는 겸손과, 그 안에 사랑이 담겨 있습니다.

예수님의 겸손과 사랑은 많은 사람에게 위로와 소망을 주었으며, 영원한 생명을 선물하셨습니다. 따라서 감사하는 마음은 곧 하나님을 사랑하고 절대적으로 신뢰하는 마음입니다. 모든 감사의 원천은 하나님 안에서 나오기 때문입니다.

하나님께서는 예수 그리스도를 통해 우리와의 관계를 회복시켜 주셨으며, 죄로부터 자유로운 삶을 허락하셨습니다. 이것이 바로 하나님의 사랑이며, 우리가 누릴 수 있는 감사입니다. 감사를 가진다는 것은 하나님을 의식하고 순종하는 자세를 갖는 것이며, 그것이 곧 믿음입니다.

　결론적으로, 믿음을 지키는 방법은 늘 하나님께서 나를 바라보고 계심을 의식하며, 회개와 말씀, 기도, 감사의 삶을 매일 반복하는 것입니다. 또한 예수님의 성품을 닮기 위해 노력하고, 성령의 열매를 풍성히 맺어 나간다면, 우리는 반드시 천국을 소유하는 자가 될 것입니다.

지옥은 절대로 가서는 안됩니다.
억울해도, 억울해도, 후회해도, 후회해도
소용이 없습니다.

죽는다고 다 끝이 아닙니다.
죽음 뒤에는 심판이 기다리고 있습니다.

오늘 밤 당신이 죽는다면
어떻게 하시겠습니까?

영접기도를 입술로 고백할 때, 우리는 하나님의 자녀가 되는 특권을 얻게 됩니다. 이것은 하나님의 의로우신 사랑에 근거한, 무조건적인 하나님의 사랑입니다. 예수님을 영접함으로써 사망이 우리를 가둘 수 없으며, 영원한 나라 천국의 문을 여는 열쇠를 가지게 되는 것입니다.

〈영접기도문〉

사랑의 하나님. 저는 죄인입니다. 어디에서 와서, 왜 살며,

어디로 가는지 알지 못하고 방황하며 살았습니다.

이제 하나님의 부르심을 받고 회개하고 돌아섰습니다.

예수님의 십자가 보혈로 저의 모든 죄를 용서하시고 씻어 주옵소서.

이 시간 저를 위하여 죽으시고 저를 위하여

부활하신 주님을 내 구주로 모셔들입니다.

지금부터 영원토록 주님과 함께 살겠습니다.

하나님은 내 아버지가 되셨습니다.

예수님은 나의 구주가 되셨습니다.

저는 하나님의 자녀가 되었습니다.

저를 구원해 주시니 감사합니다.

이제부터 하나님 말씀에 따라 순종하며 선한 자로 살겠나이다.

예수님의 이름으로 기도드립니다. 아멘.

"내가 확신하노니 사망이나 생명이나
천사들이나 권세자들이나 현재 일이나 장래 일이나
능력이나 높음이나 깊음이나 다른 어떤 피조물이라도
우리를 우리 주 예수 안에 있는
하나님의 사랑에서 끊을 수 없으리라"

(로마서 8장 38-39절)

"그가 찔림은 우리의 허물 때문이요
그가 상함은 우리의 죄악 때문이라
그가 징계를 받으므로 우리는 평화를 누리고
그가 채찍을 맞음으로 우리는 나음을 받았노라"

(이사야 53장 5절)

"수고하고 무거운 짐 진 자들아 다 내게로 오라
내가 너희를 쉬게 하리라"

(마태복음 11장 28절)

당부드리는 **말씀**

●

예수님은 우리의 생명이 되십니다. 우리의 더러운 죄악을 대신해 희생 제물로 십자가에 못 박혀 죽으셨습니다. 많은 사람들이 메시아가 오기를 기다렸지만, 정작 그분이 오셨을 때 사람들은 그를 알아보지 못했습니다.

노아의 심판 때나 롯의 심판 때에도 하나님은 회개의 기회를 주셨지만, 사람들은 여전히 먹고 마시고, 시집가고 장가가고, 사고팔고, 집 짓는 일에 몰두하며 무관심하게 살아갔습니다. 그러다 어느 날 갑자기, 노아의 가족만 남기고 모두 물과 불로 심판을 받았습니다.

예수님은 부활하셨습니다. 예수님은 하나님의 아들이시며 하나님이 되십니다. 또한 예수님은 우리의 구원자이십니다. 오늘날도 사람들은 여전히 먹고 마시고, 시집가고 장가가고, 사고팔고, 집 짓는 일에 몰두하며 무관심하게 살아갑니다. 사람들은 완악한 마음으로 인해 하나님을 보지 못하고 살아갑니다. 그러나 하나님은 지금도 기회를 주시고 계시며, 살아 계시고, 심판을 준비하고 계십니다. 심판은 언제 찾아올지 아무도 알 수 없으며, 예고 없이 임할 것입니다.

우리는 항상 준비하고 깨어 있어야 합니다. 지난날을 진심으로 회개하고 예수님을 영접하여 하나님의 자녀가 됨으로써 불의 심판을 피해야 합니다. 또한 이미 믿음을 가진 자들도 자신의 신앙을 돌아보고, 믿음을 바로 세워 다시 견고하게 세워야 합니다.

책을 출간하면서

하나님을 찬양합니다!

하나님의 부르심과 사명으로, 하나님의 은혜 가운데 복음책자 「생명」을 출간하게 되었습니다. 이 책을 쓰게 된 목적은, 잃어버린 하나님의 백성들이 다시 하나님께 돌아와 하나님과의 관계를 회복하고, 하나님께 예배를 드리도록 돕는 데 있습니다. 그러기에 하나님이 살아계심을 널리 알리고, 신앙인들의 믿음이 견고히 세워질 수 있도록 방향을 잡았습니다.

지금 이 시대는 악으로 변질되어 가는 마지막 때입니다. 그럼에도 하나님의 말씀의 진리가 선포되고, 우리가 신앙을 잘 지켜 준비할 때, 주님이 오실 때 기쁨으로 맞이하는 하나님의 자녀가 될 수 있기를 진심으로 소망합니다.

복음책자 「생명」 출간에 늘 제 곁에서 도와준 아내에게 감사드리며, 함께 동참하고 출판을 위해 헌금해 주신 여러 교회 형제, 자매님께 진심으로 감사드립니다. 하나님의 나라를 위해 영혼을 구원하고자 하는 따뜻한 사랑이, 천국에서의 상급으로 열매 맺을 줄로 믿습니다.

섬기는 교회가 다르더라도 서로 협력하여 하나님의 나라를 이루어 가는 일은 하나님께서 크게 기뻐하시는 일인 줄 믿습니다. 전도는 우리 모두의 사명입니다. 아무것도 모르고 죽음으로 달려가는 영혼들을 불쌍히 여기고, 천국으로 들어갈 수 있도록 그들의 영혼을 살려야 합니다.

복음책자 「생명」이 하나님의 살아계심을 땅끝까지 전하는 일에 함께 동참하시어, 승리로 이끌어 갑시다! 감사합니다.

최은석 복음전도자

생명

초판인쇄일 _ 2026년 2월 20일
초판발행일 _ 2026년 2월 20일

펴낸이 _ 임경묵
펴낸곳 _ 도서출판 다바르

주소 _ 인천 서구 건지로 242, A동 401호(가좌동)
전화 _ 032) 574-8291

지은이 _ 최은석

기획 및 편집 _ 장원문화인쇄
인쇄 _ 장원문화인쇄

ISBN 979-11-93435-21-2